AF187455

Impressum
Verlag: BABADADA GmbH, Nedderfeld 112 , 22529 Hamburg
Geschäftsführer / Verlagsleitung: Harald Hof
Druck: Books on Demand GmbH, In de Tarpen 42, 22848 Norderstedt

Imprint
Publisher: BABADADA GmbH, Nedderfeld 112 , 22529 Hamburg, Germany
Managing Director / Publishing direction: Harald Hof
Print: Books on Demand GmbH, In de Tarpen 42, 22848 Norderstedt, Germany

escuela
sekolah

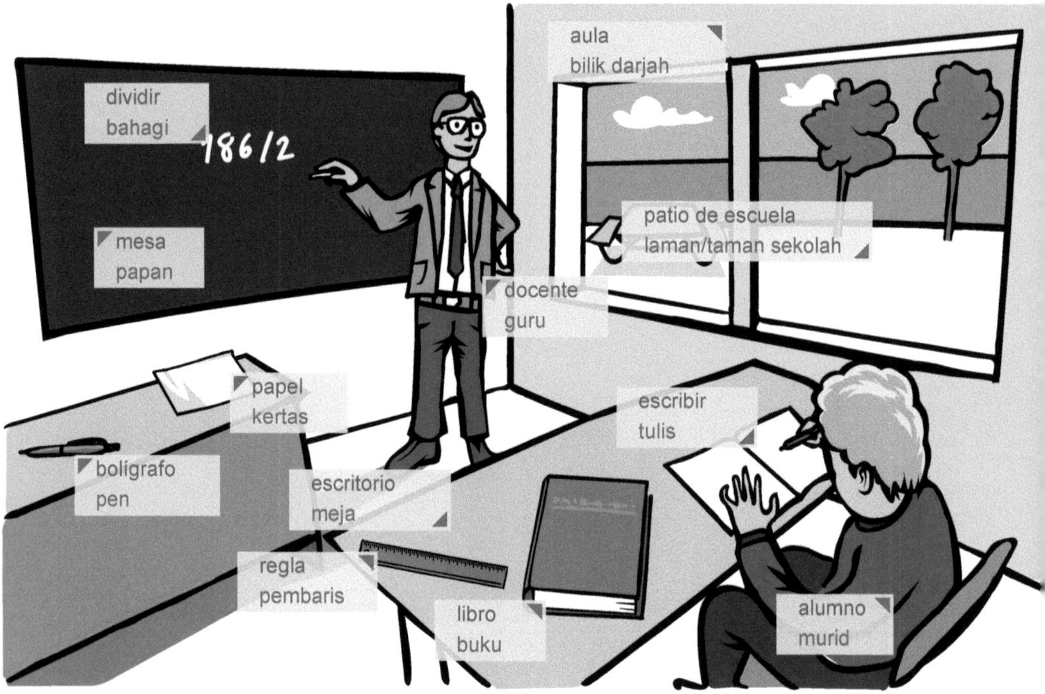
aula
bilik darjah
dividir
bahagi
186/2
mesa
papan
patio de escuela
laman/taman sekolah
docente
guru
papel
kertas
escribir
tulis
bolígrafo
pen
escritorio
meja
regla
pembaris
libro
buku
alumno
murid

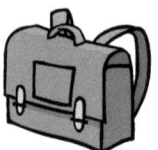

mochila escolar
beg galas

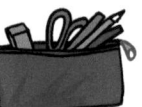

caja de lápices
kotak pensel

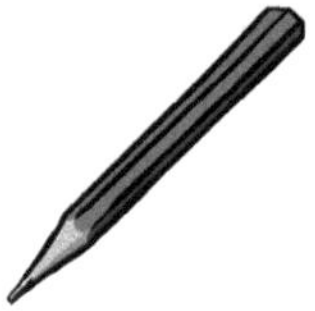

lápiz
pensel

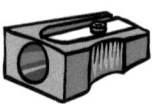

sacapuntas
pengasah pensel

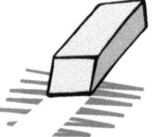

goma de borrar
pemadam

bloc de dibujo
kertas lukisan

dibujo
melukis

pincel
berus lukis

caja de pinturas
kotak warna

tijera
gunting

pegamento
gam

libro de ejercicios
buku latihan

tarea
kerja rumah

12

número
nombor

2+2

sumar
tambah

5-2

restar
tolak

2×2

multiplicar
darab

calcular
kira

A

letra
huruf

ABCDEFG HIJKLMN OPQRSTU VWXYZ

alfabeto
abjad

hello

palabra
kata

texto

teks

leer

baca

tiza

kapur

lección

pelajaran

libro de clase

daftar

examen

peperiksaan

certificado

sijil

uniforme escolar

uniform sekolah

educación

pendidikan

enciclopedia

ensiklopedia

universidad

universiti

microscopio

mikroskop

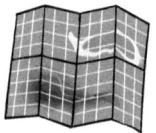

mapa

peta

cesto de papeles

bakul sampah

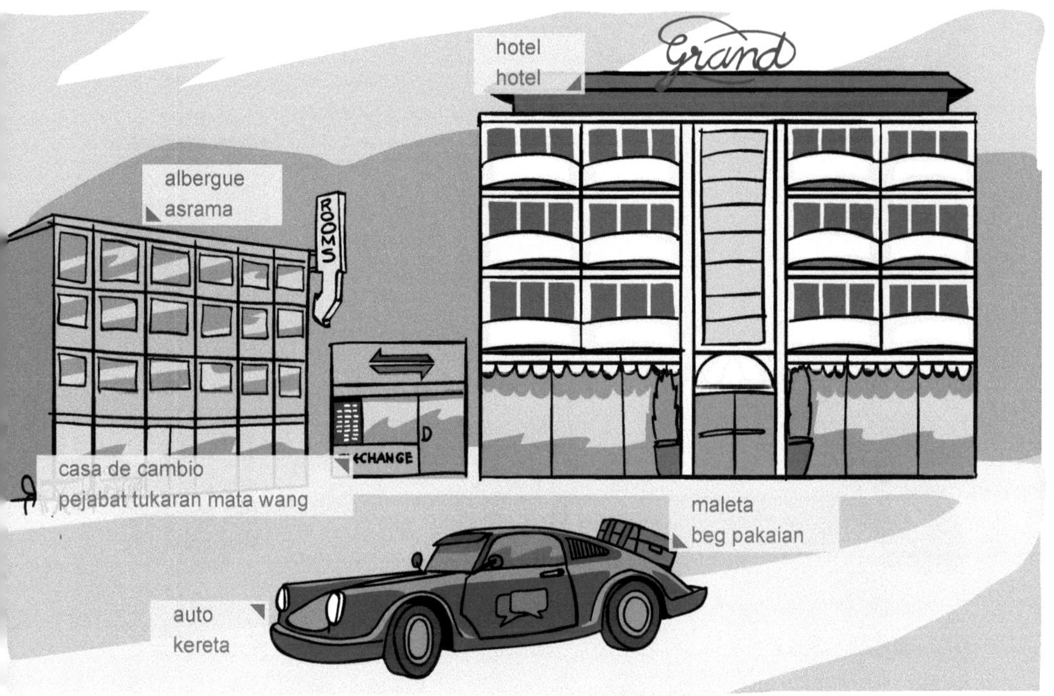
hotel
hotel
Grand
albergue
asrama
ROOMS
EXCHANGE
casa de cambio
pejabat tukaran mata wang
maleta
beg pakaian
auto
kereta

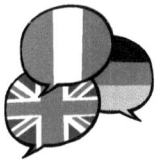

idioma

bahasa

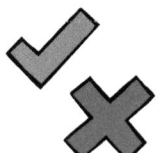

sí / no

ya / tidak

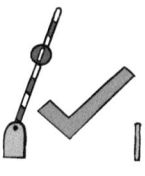

ok

okey

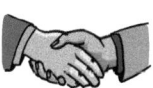

hola

helo

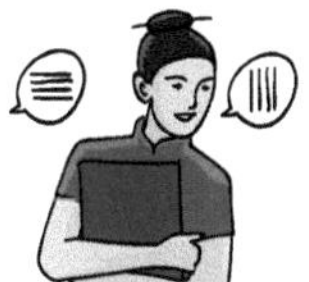

intérprete

penterjemah

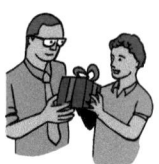

gracias

Terima kasih

¿Cuánto cuesta...?

berapa banyak...?

No entiendo

saya tidak faham

problema

masalah

¡Buenas tardes!

Selamat petang!

¡Buenos días!

Selamat Pagi!

¡Buenas noches!

Selamat Malam!

adiós

selamat tinggal

dirección

arah

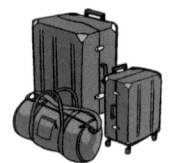

equipaje

bagasi

bolso

beg

mochila

beg galas

invitado

tetamu

cuarto

bilik tidur

saco de dormir

beg tidur

tienda de campaña

khemah

información al turista

maklumat pelancong

playa

pantai

tarjeta de crédito

kad kredit

desayuno

sarapan

almuerzo

makan tengah hari

cena

makan malam

pasaje

tiket

ascensor

lif

sello

setem

límite

sempadan

aduana

kastam

embajada

kedutaan

visa

visa

pasaporte

pasport

transporte
pengangkutan

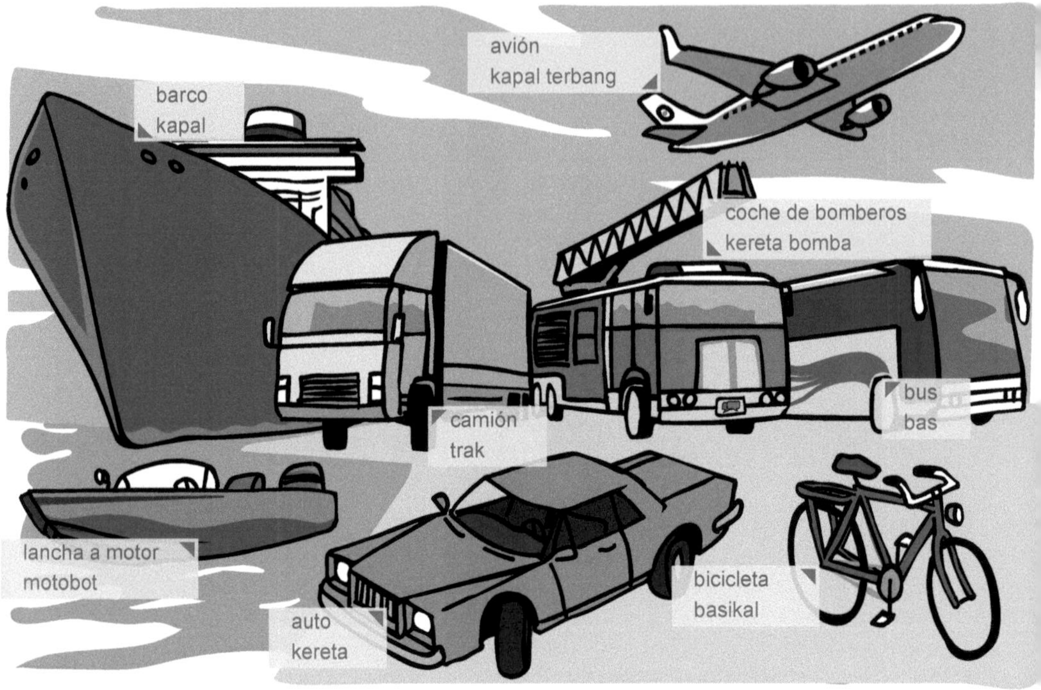
avión
kapal terbang
barco
kapal
coche de bomberos
kereta bomba
bus
bas
camión
trak
lancha a motor
motobot
bicicleta
basikal
auto
kereta

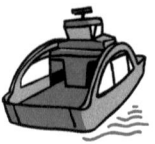

balsa

feri

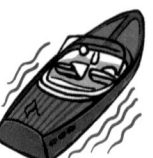

lancha

bot

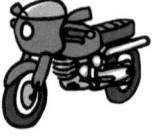

motocicleta

motosikal

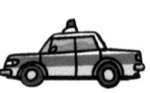

auto de policía

kereta polis

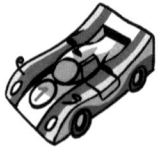

auto de carreras

kereta lumba

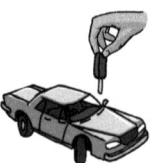

auto de alquiler

kereta sewa

alquiler de autos

berkongsi kereta

grúa

trak tunda

vehículo recolector de basura

trak menolak

motor

motor

gasolina

bahan api

gasolinera

stesen minyak

señal de tráfico

tanda trafik

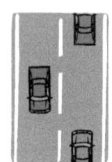

tránsito

trafik

atasco

kesesakan lalu lintas

estacionamiento

tempat parkir

estación de tren

stesen kereta api

carril

trek

tren

kereta api

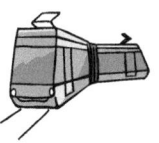

tranvía

trem

vagón

gerabak

helicóptero

helikopter

aeropuerto

lapangan terbang

torre

Menara

pasajero

penumpang

contenedor

bekas

caja de cartón

kadbod

carro

kart

cesta

bakul

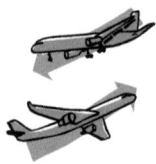

despegar / aterrizar

berlepas / mendarat

ciudad

bandar

aldea

kampung

centro de la ciudad

pusat bandar

casa

rumah

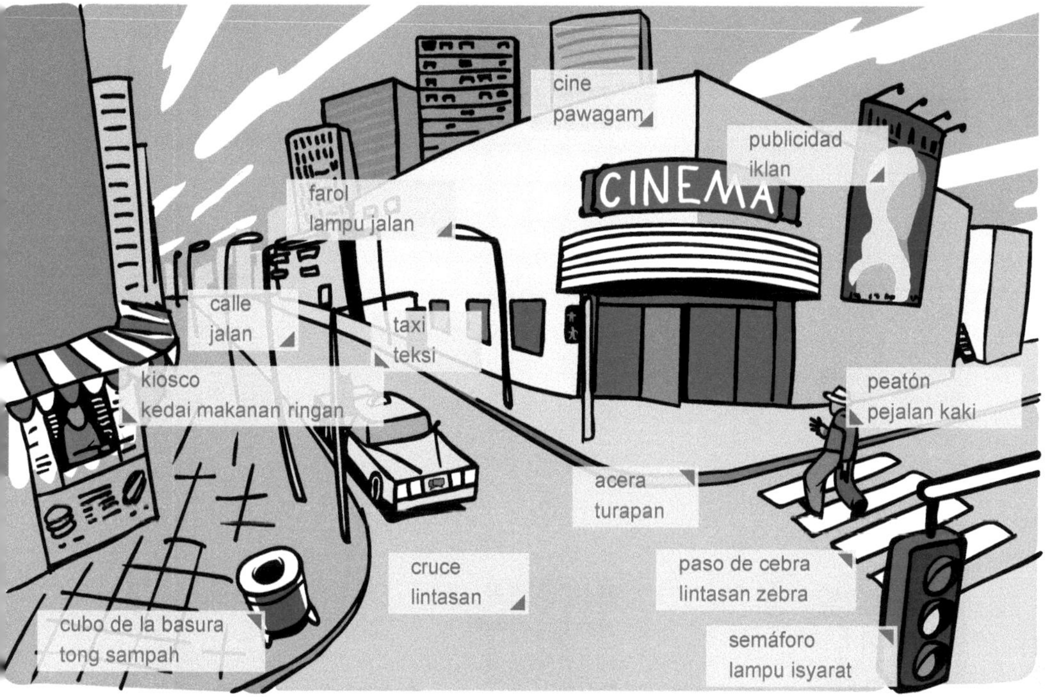

cine
pawagam

publicidad
iklan

CINEMA

farol
lampu jalan

calle
jalan

taxi
teksi

kiosco
kedai makanan ringan

peatón
pejalan kaki

acera
turapan

cruce
lintasan

paso de cebra
lintasan zebra

cubo de la basura
tong sampah

semáforo
lampu isyarat

cabaña

pondok

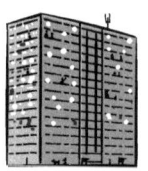

apartamento

flat

estación de tren

stesen kereta api

ayuntamiento

dewan bandar

museo

muzium

escuela

sekolah

universidad

universiti

banco

bank

hospital

hospital

hotel

hotel

farmacia

farmasi

oficina

pejabat

librería

kedai buku

negocio

kedai

florería

kedai bunga

supermercado

pasar raya

mercado

pasaran

grandes almacenes

gedung

pescadería

penjual ikan

centro comercial

pusat membeli-belah

puerto

pelabuhan

parque
taman

banco
bangku

puente
jambatan

escalera
tangga

metro
bawah tanah

túnel
terowong

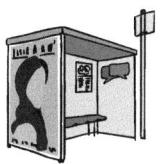

parada de autobuses
hentian bas

bar
bar

restaurante
restoran

buzón de correo
peti surat

letrero
papan tanda jalan

parquímetro
meter parkir

zoológico
zoo

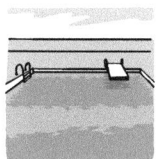

piscina
kolam renang

mezquita
masjid

granja

ladang

polución

pencemaran

cementerio

tanah perkuburan

iglesia

gereja

parque infantil

taman permainan

templo

kuil

paisaje
landskap

hoja
daun

indicador de camino
tiang tanda

sendero
jalan

pradera
padang rumput

piedra
batu

caminante
pejalan kaki

árbol
pokok

río
sungai

pasto
rumput

flor
bunga

valle

lembah

montaña

bukit

lago

tasik

bosque

hutan

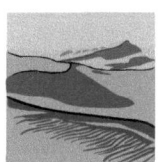

desierto

padang pasir

volcán

gunung berapi

castillo

istana

arco iris

pelangi

seta

cendawan

palmera

pokok kelapa sawit

mosquito

nyamuk

mosca

terbang

hormiga

semut

abeja

lebah

araña

labah-labah

escarabajo

kumbang

rana

katak

ardilla

tupai

erizo

landak

liebre

arnab

lechuza

burung hantu

pájaro

burung

cisne

angsa

jabalí

babi jantan

ciervo

rusa

alce

moose

embalse

empangan

aerogenerador

turbin angin

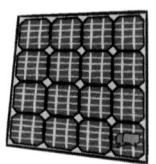

módulo solar

panel solar

clima

iklim

restaurante
restoran

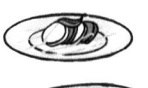

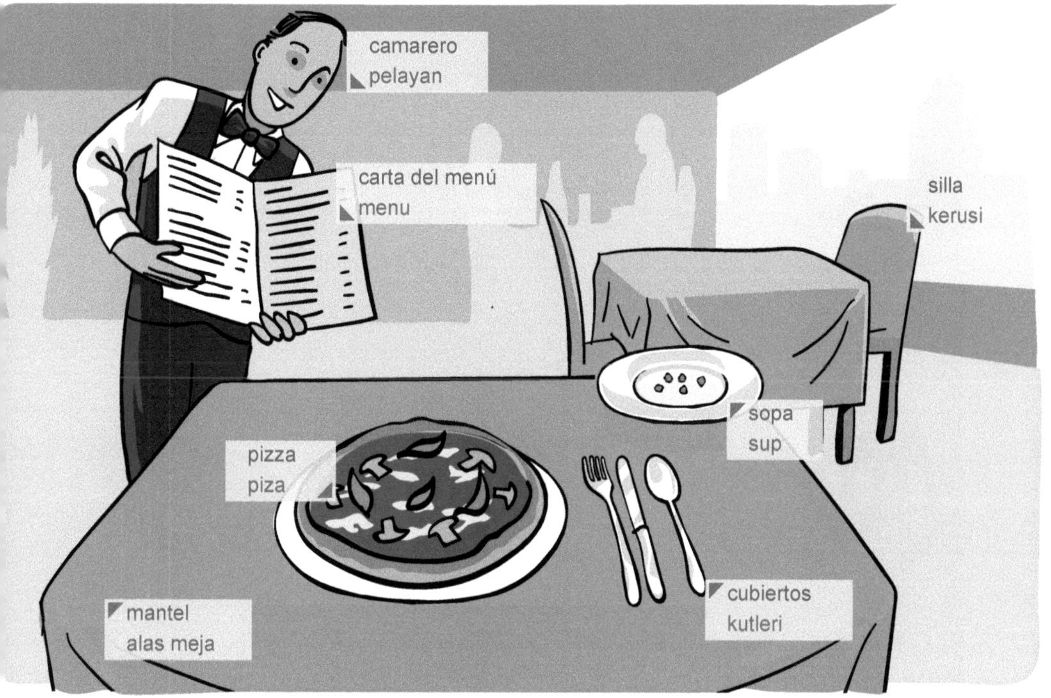
camarero
pelayan
carta del menú
menu
silla
kerusi
sopa
sup
pizza
piza
cubiertos
kutleri
mantel
alas meja

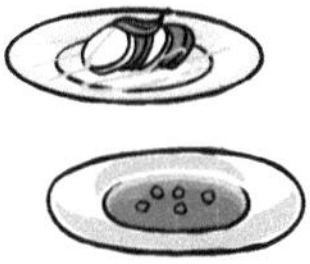

entrada

pemula

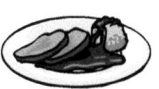

plato principal

hidangan utama

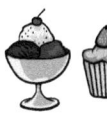

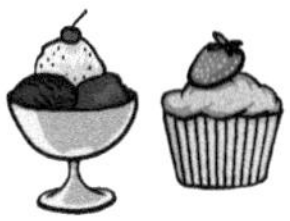

postre

pencuci mulut

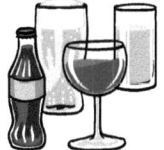

bebida

minuman

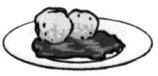

comida

makanan

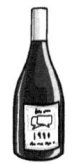

botella

botol

comida rápida
makanan segera

comida callejera
makanan jalanan

tetera
teko

azucarera
mangkuk gula

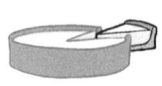

porción
bahagian

máquina de espresso
mesin espreso

silla alta
kerusi tinggi

factura
bil

bandeja
dulang

cuchillo
pisau

tenedor
garfu

cuchara
sudu

cuchara de té
sudu teh

servilleta
serviette

vaso
gelas

restaurante - restoran

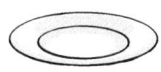

plato

pinggan

plato de sopa

mangkuk sup

platillo

piring

salsa

sos

salero

tempat garam

molinillo para pimienta

pengisar lada

vinagre

cuka

aceite

minyak

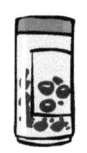

especias

rempah

ketchup

sos

mostaza

mustard

mayonesa

mayones

supermercado

pasar raya

oferta
tawaran istimewa
FOR
cliente
pelanggan
productos lácteos
tenusu
fruta
buah-buahan
carrito de compras
troli

BUTCHERS

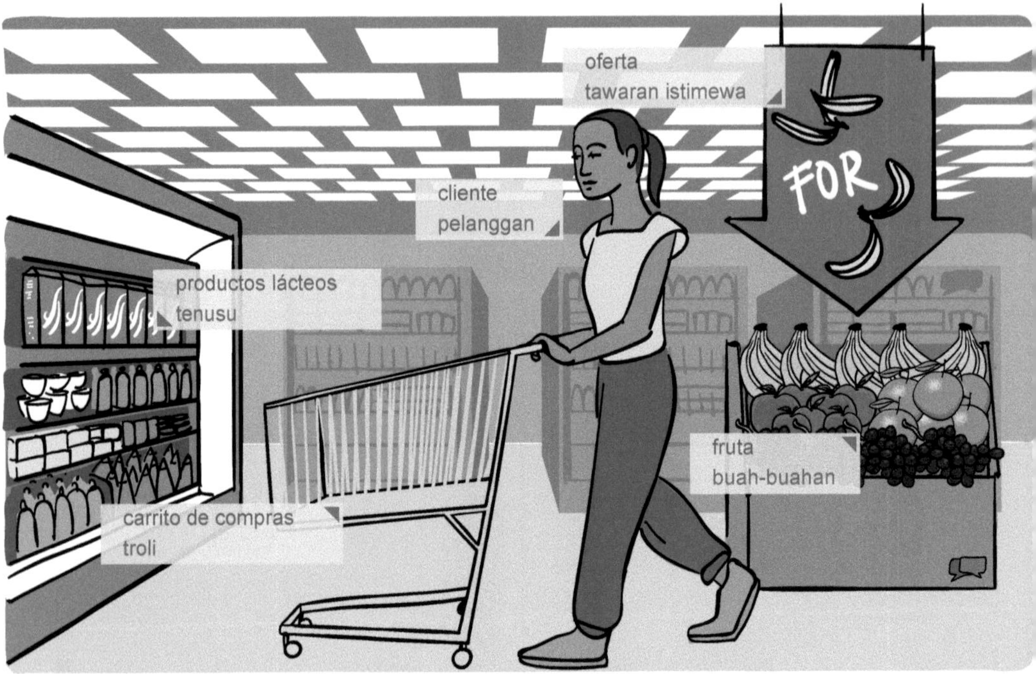

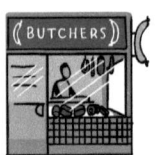

carnicería

tukang daging

BAKERY

panadería

kedai roti

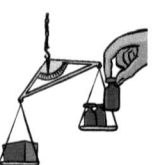

pesar

berat

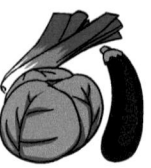

verdura

sayur-sayuran

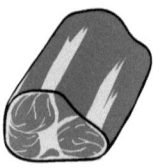

carne

daging

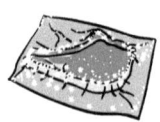

alimentos congelados

makanan sejuk beku

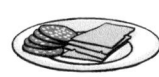

fiambre

daging sejuk

conservas

makanan dalam tin

detergente en polvo

serbuk pencuci

dulces

gula-gula

artículos domésticos

produk isi rumah

productos de limpieza

produk pembersihan

vendedora

orang jualan

caja

daftar tunai

cajero

juruwang

lista de compras

senarai membeli-belah

horario de atención

waktu pembukaan

cartera

beg duit

tarjeta de crédito

kad kredit

maleta

beg

bolsa plástica

beg plastik

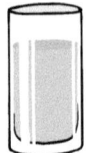

agua

air

jugo

jus

leche

susu

refresco de cola

kola

vino

wain

cerveza

bir

alcohol

alkohol

cacao

koko

té

the

café

kopi

espresso

espreso

cappuccino

kapucino

banana

pisang

manzana

epal

naranja

oren

sandía

tembikai

limón

lemon

zanahoria

lobak merah

ajo

bawang putih

bambú

buluh

cebolla

bawang

seta

cendawan

nueces

kacang

fideos

mi

espagueti

spageti

arroz

nasi

ensalada

salad

patatas fritas

kerepek

patatas salteadas

kentang goreng

pizza

piza

hamburguesa

hamburger

sándwich

sandwic

escalope

kutlet

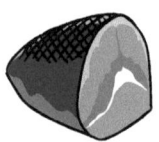

jamón

ham

salame

salami

embutido

sosej

pollo

ayam

asado

panggang

pescado

ikan

copos de avena

bubur oat

musli

muesli

copos de maíz tostado

emping jagung

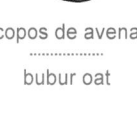

harina

tepung

croissant

kroisan

panecillo

roti roll

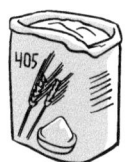

pan

roti

tostada

roti bakar

galletas

biskut

mantequilla

mentega

cuajada

dadih

pastel

kek

huevo

telur

huevo frito

telur goreng

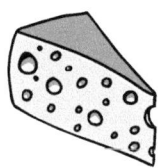

queso

keju

helado

ais krim

azúcar

gula

miel

madu

mermelada

jem

praliné

krim nougat

curry

kari

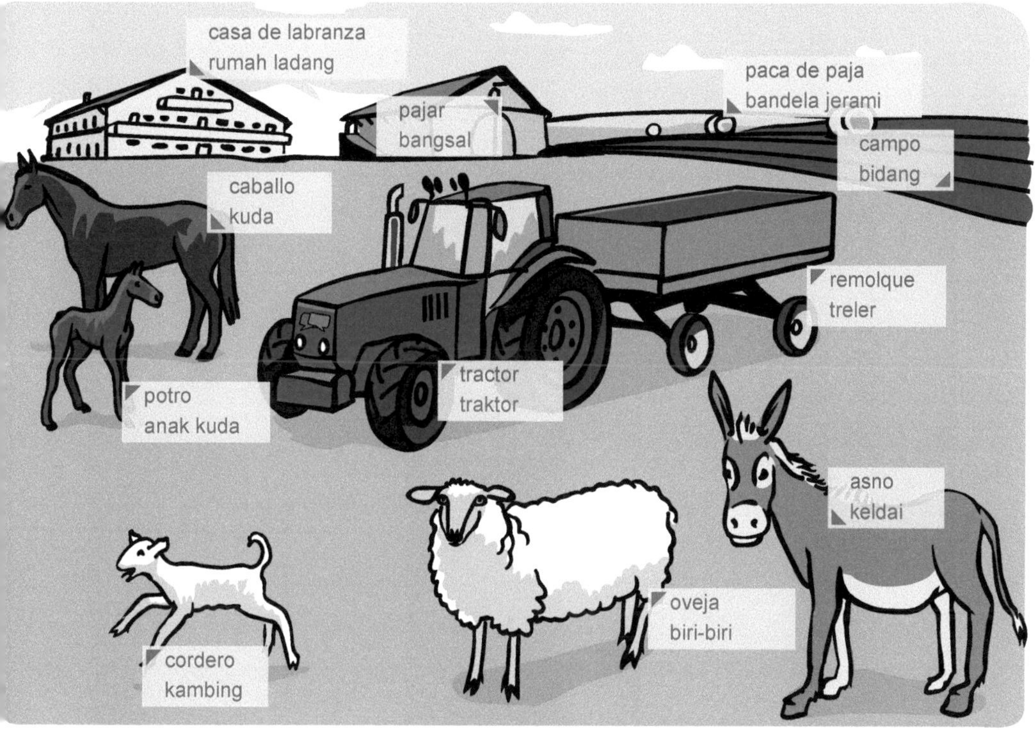

casa de labranza
rumah ladang

paca de paja
bandela jerami

pajar
bangsal

campo
bidang

caballo
kuda

remolque
treler

potro
anak kuda

tractor
traktor

asno
keldai

oveja
biri-biri

cordero
kambing

cabra
kambing

vaca
lembu

ternero
anak lembu

cerdo
babi

lechón
anak babi

toro
lembu

ganso

angsa

pato

itik

polluelo

anak ayam

pollo

ayam betina

gallo

ayam jantan muda

rata

tikus

gato

kucing

ratón

tikus

buey

lembu jantan

perro

anjing

caseta del perro

rumah anjing

manguera de riego

hos taman

regadera

bekas siraman

guadaña

sabit

arado

bajak

hoz

sabit

azada

cangkul

bieldo

serampang peladang

hacha

kapak

carretilla

kereta sorong

abrevadero

palung

lechera

tin susu

saco

karung

cerca

pagar

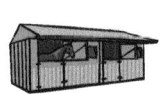

establo

stabil

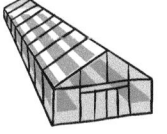

invernadero

rumah hijau

suelo

tanah

semilla

benih

fertilizante

baja

cosechadora

jentuai

cosechar

tuai

cosecha

menuai

raíz de ñame

keladi

trigo

gandum

soja

soya

patata

kentang

maíz

jagung

colza

biji sawi

Árbol frutal

pokok buah-buahan

mandioca

ubi kayu

cereales

bijirin

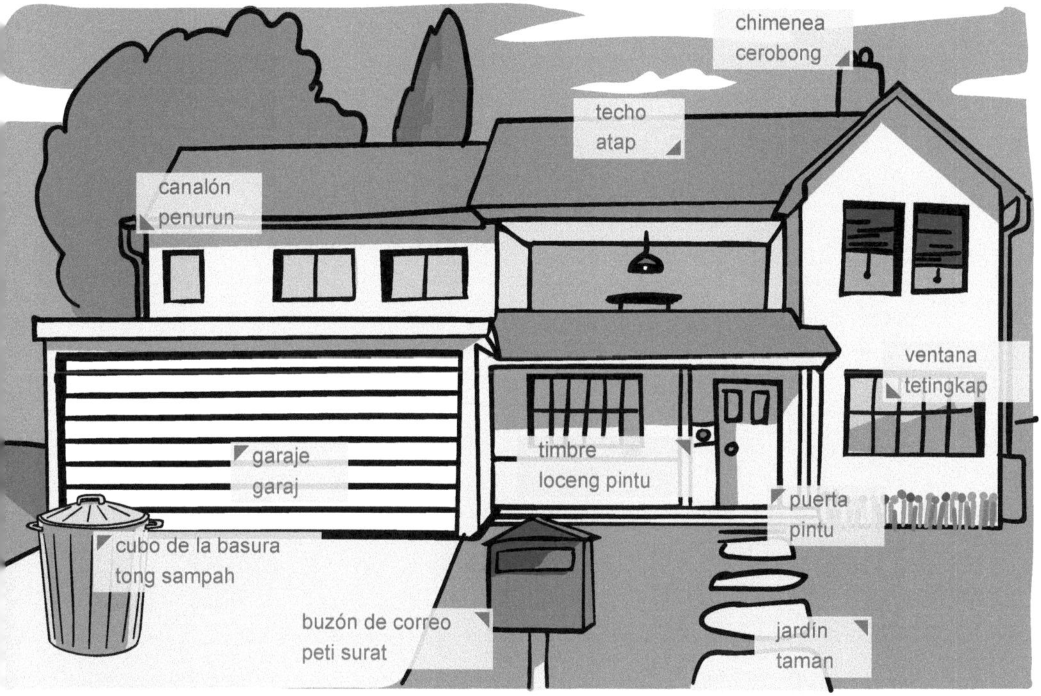

chimenea
cerobong

techo
atap

canalón
penurun

ventana
tetingkap

garaje
garaj

timbre
loceng pintu

puerta
pintu

cubo de la basura
tong sampah

buzón de correo
peti surat

jardín
taman

cuarto de estar

ruang tamu

cuarto de baño

bilik air

cocina

dapur

dormitorio

bilik tidur

cuarto de los niños

bilik kanak-kanak

comedor

ruang makan

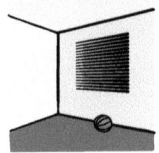

piso

lantai

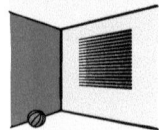

pared

dinding

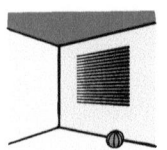

cielorraso

siling

sótano

bilik bawah tanah

sauna

sauna

balcón

balkoni

terraza

teres

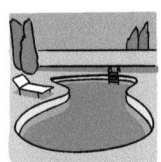

piscina

kolam renang

cortacésped

pemotong rumput

funda nórdica

lembaran

edredón

penutup tilam

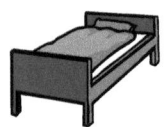

cama

katil

escoba

penyapu

cubo

timba

interruptor

suis

cuarto de estar
ruang tamu

papel para empapelar
kertas dinding
imagen
gambar
lámpara
lampu
estante
rak
gabinete
kabinet
televisor
televisyen
hogar
pendiangan
flor
bunga
cojín
kusyen
sofá
sofa
florero
pasu
control remoto
alat kawalan jauh

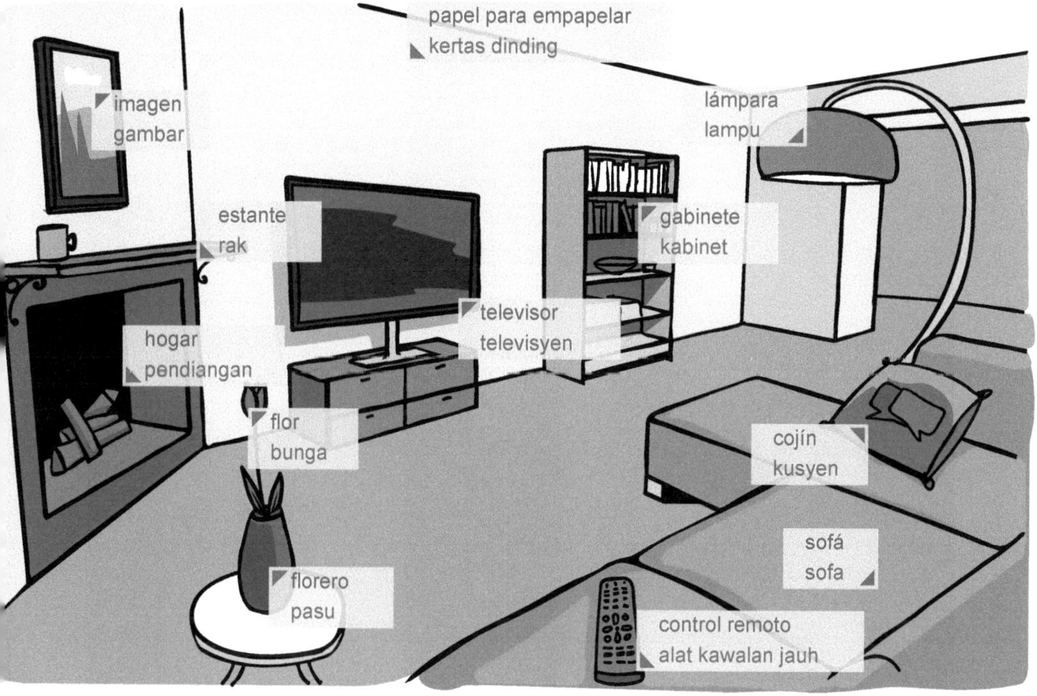

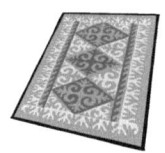

alfombra

permaidani

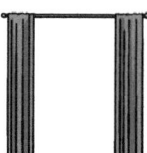

cortina

tirai

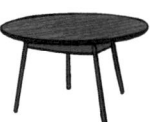

mesa

meja

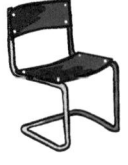

silla

kerusi

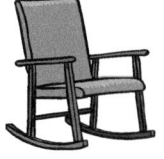

mecedora

kerusi malas

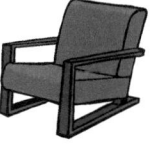

sillón

kerusi

libro

buku

frazada

selimut

decoración

hiasan

leña

kayu api

film

filem

equipo estereofónico

hi-fi

llave

kunci

periódico

akhbar

cuadro

lukisan

póster

poster

radio

radio

bloc de notas

buku catatan

aspiradora

penyedut habuk

cactus

kaktus

vela

lilin

cocina
dapur

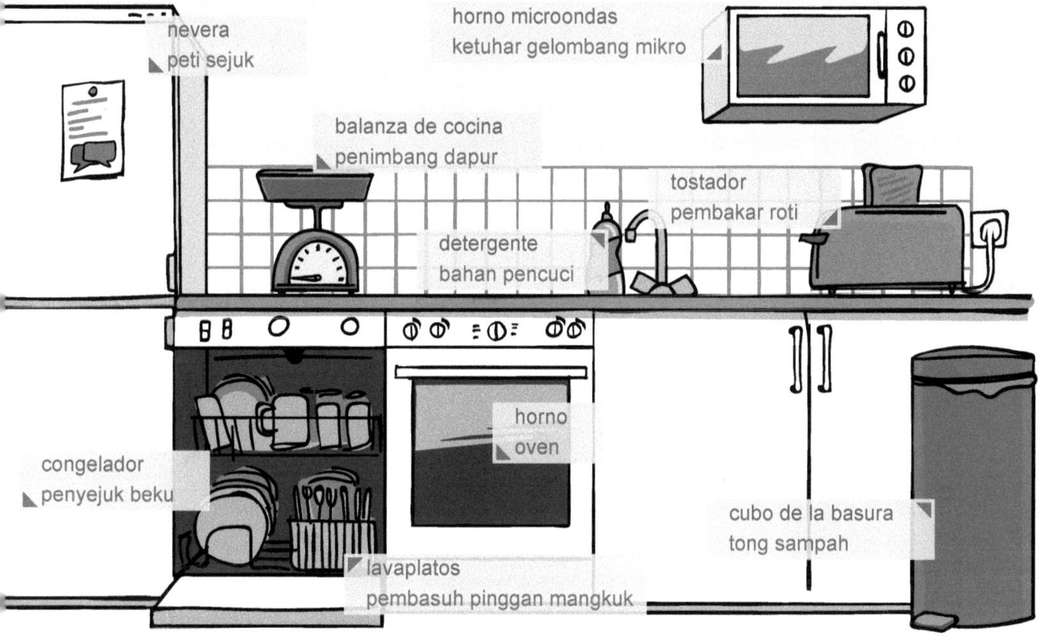

nevera
peti sejuk
horno microondas
ketuhar gelombang mikro
balanza de cocina
penimbang dapur
tostador
pembakar roti
detergente
bahan pencuci
horno
oven
congelador
penyejuk beku
cubo de la basura
tong sampah
lavaplatos
pembasuh pinggan mangkuk

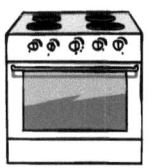

cocina

periuk dapur

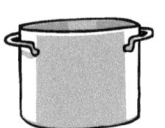

olla

periuk

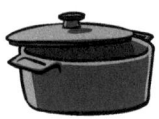

olla de fundición de hierro

periuk besi

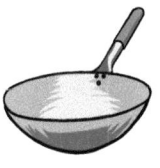

wok / kadai

kuali

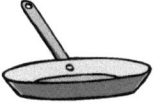

sartén

pan

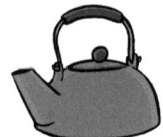

hervidor de agua

cerek

olla de vapor

pengukus

bandeja de horno

dulang pembakar

vajilla

pinggan mangkuk

vaso

koleh

bol

mangkuk

palillos para comer

penyepit

cucharón de sopa

senduk

espátula

spatula

batidor

pengadun

colador

penapis

cedazo

ayak

rallador

pemarut

mortero

mortar

parrillada

barbeku

fogata

pembakaran terbuka

cocina - dapur

tabla de picar

papan pencincang

rodillo

pin golekan

sacacorchos

skru gabus

lata

tin

abrelatas

pembuka tin

agarrador

pemegang periuk

fregadero

sinki

cepillo

berus

esponja

span

batidora

pengisar

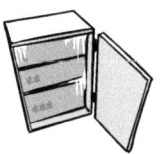

arcón congelador

penyejuk beku

biberón

botol bayi

grifo

paip

cuarto de baño

bilik air

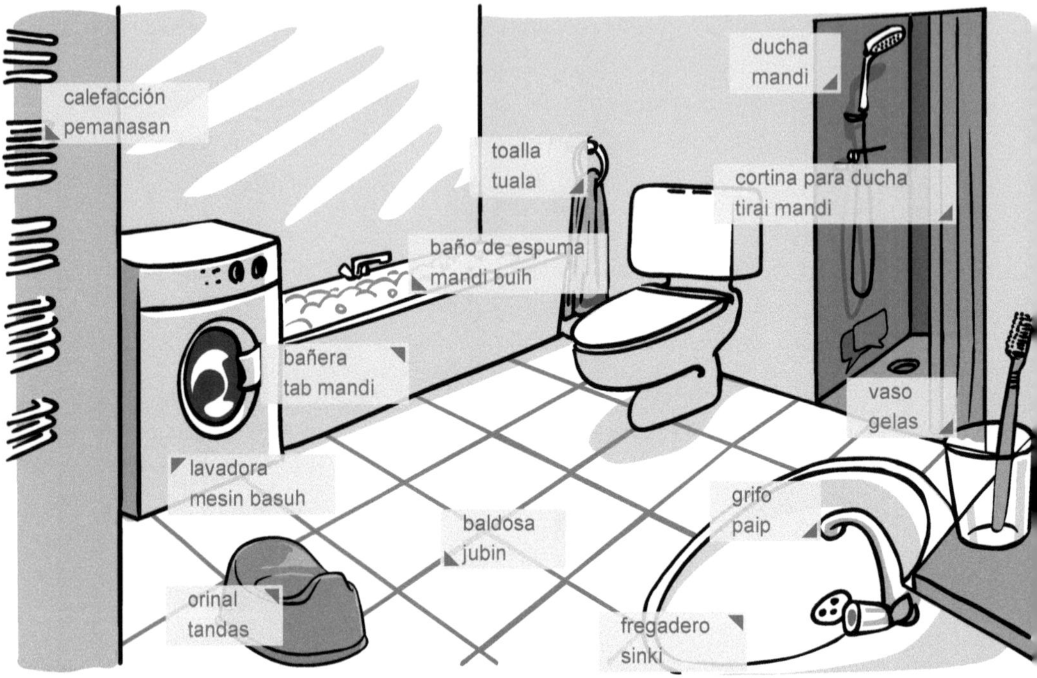

calefacción
pemanasan
toalla
tuala
ducha
mandi
cortina para ducha
tirai mandi
baño de espuma
mandi buih
bañera
tab mandi
vaso
gelas
lavadora
mesin basuh
grifo
paip
baldosa
jubin
orinal
tandas
fregadero
sinki

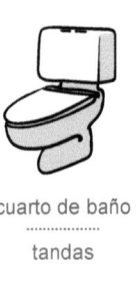

cuarto de baño

tandas

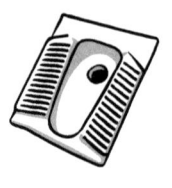

placa turca

tandas mencangkung

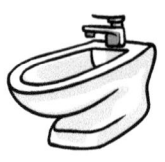

bidé

mangkuk tandas

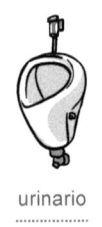

urinario

tandas awam

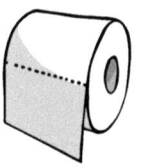

papel higiénico

kertas tandas

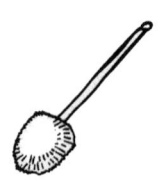

escobilla para el cuarto de baño

berus tandas

cepillo de dientes

berus gigi

pasta dentífrica

ubat gigi

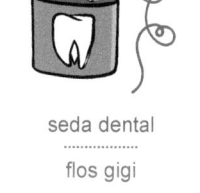

seda dental

flos gigi

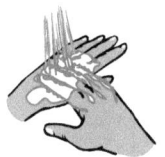

lavar

cuci

ducha teléfono

mandian tangan

ducha higiénica

pancuran

cuenco

besen

cepillo para la espalda

belakang berus

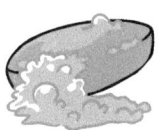

jabón

sabun

gel de ducha

gel mandian

champú

syampu

manopla para baño

flanel

desagüe

longkang

crema

krim

desodorante

deodoran

espejo

cermin

espejo de maquillaje

cermin tangan

máquina de afeitar

pisau cukur

espuma de afeitar

busa cukur

loción para después del afeitado

selepas cukur

peine

sikat

cepillo

berus

secador para cabello

pengering rambut

laca de peinado

semburan rambut

maquillaje

mekap

lápiz labial

gincu

laca para uñas

varnis kuku

algodón

bulu kapas

tijera para uñas

gunting kuku

perfume

pewangi

neceser

beg basuhan

taburete

bangku

balanza

skala berat

bata de baño

jubah mandi

guantes de goma

sarung tangan getah

tampón

kapas

compresa

tuala wanita

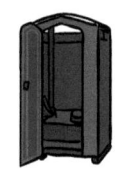

wáter químico

tandas kimia

cuarto de los niños

bilik kanak-kanak

despertador
jam loceng
animal de peluche
mainan kegemaran
auto de juguete
kereta mainan
sonajero
kerincing bayi
casa de muñecas
rumah anak patung
obsequio
hadiah

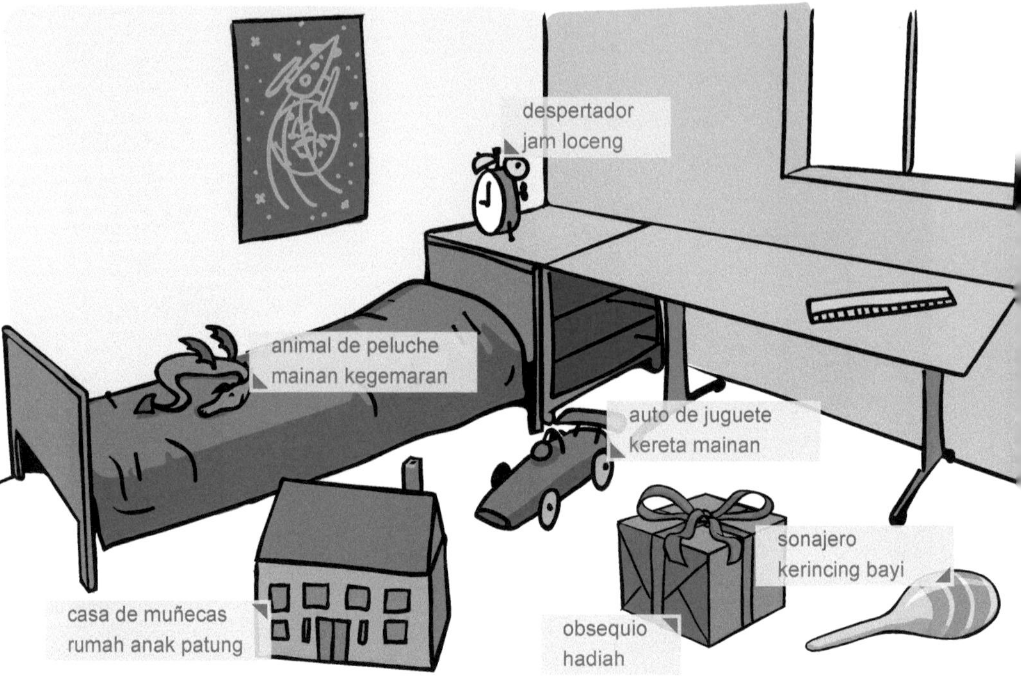

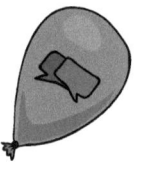

globo

belon

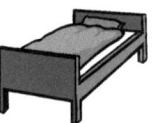

cama

katil

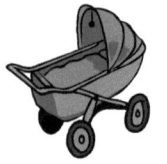

cochecito para niños

kereta sorong bayi

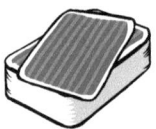

juego de barajas

set kad

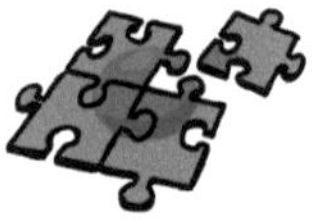

rompecabezas

susun suai gambar

cómic

komik

piezas de Lego
batu bata lego

bloques para jugar
blok mainan

figura de acción
figura aksi

pijama de una pieza
baju bayi

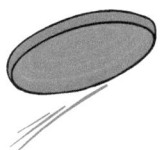

frisbee
frisbee

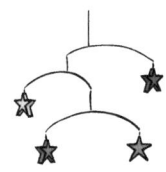

móvil
mainan bayi mudah alih

juego de mesa
permainan papan

dado
dadu

tren eléctrico a escala
set model kereta api

chupete
palsu

fiesta
parti

libro de dibujos
buku bergambar

pelota
bola

títere
anak patung

jugar
main

arenero

lubang pasir

columpio

buai

juguetes

mainan

consola de videojuego

konsol permainan video

triciclo

basikal roda tiga

osito de peluche

anak patung beruang

guardarropa

almari pakaian

vestimenta

pakaian

calcetines

stoking

medias

stoking

panti

ketat

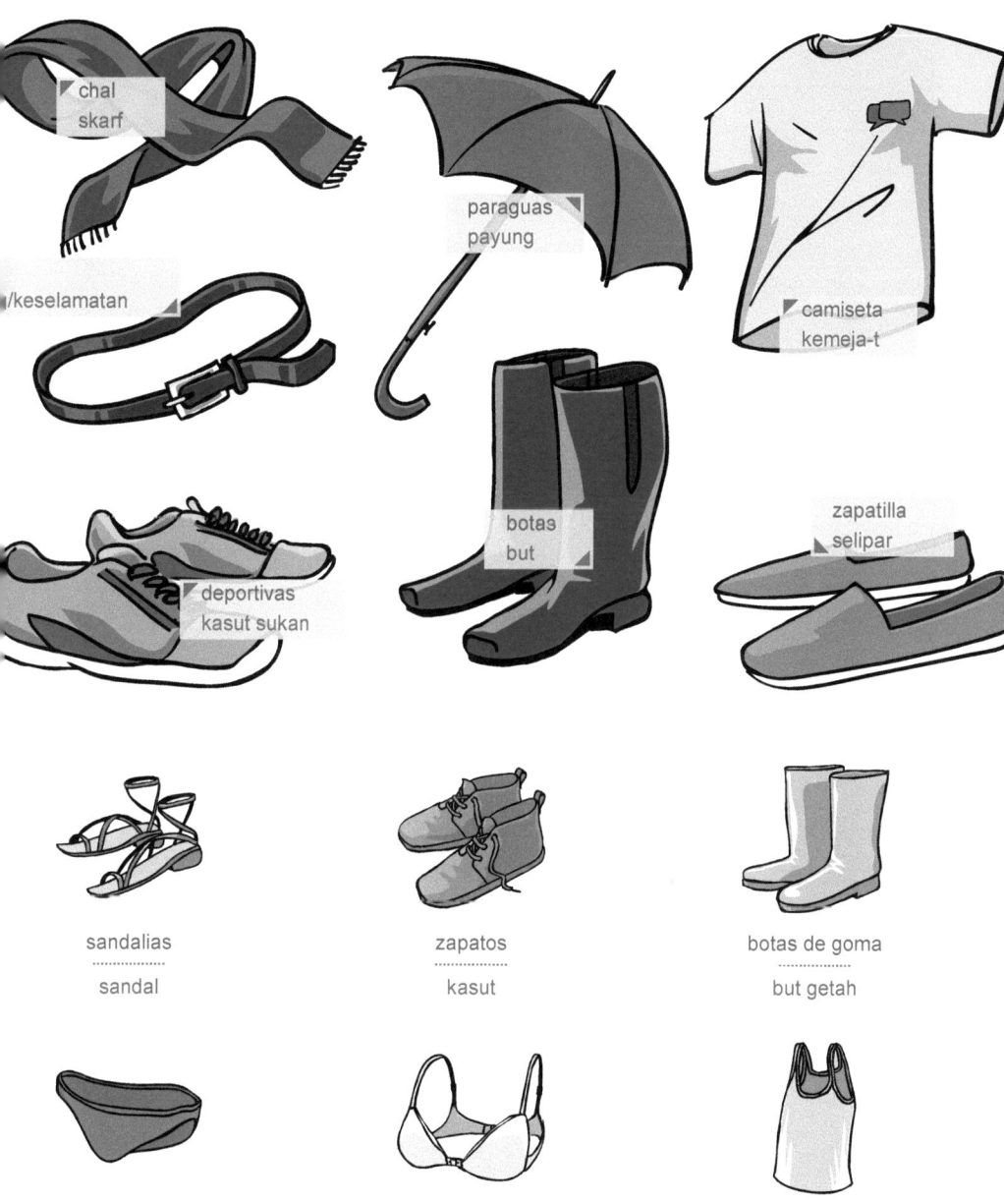

chal
skarf

paraguas
payung

camiseta
kemeja-t

/keselamatan

botas
but

zapatilla
selipar

deportivas
kasut sukan

sandalias	zapatos	botas de goma
sandal	kasut	but getah

ropa interior	corpiño	camiseta
seluar dalam	coli	ves

vestimenta - pakaian   45

body

badan

pantalón

Seluar panjang

jeans

jean

falda

skirt

blusa

blaus

camisa

kemeja

pullover

baju panas sarung

sweater

sweater

blazer

blazer

chaqueta

jaket

abrigo

kot

impermeable

baju hujan

traje chaqueta

kostum

vestido

pakaian

vestido de bodas

baju pengantin

traje

sut

camisón

baju tidur

pijama

baju tidur

sari

sari

pañuelo de cabeza

skarf kepala

turbante

serban

burka

burqa

caftán

kaftan

abaya

abaya/jubah

traje de baño

baju renang

bañador

seluar renang

shorts

seluar pendek

chándal

sut balapan

delantal

apron

guante

sarung tangan

botón

butang

gafa

cermin mata

brazalete

gelang tangan

cadena

rantai leher

anillo

cincin

aro

subang

gorra

topi

percha

penyangkut kot

sombrero

topi

corbata

tali leher

cierre a cremallera

zip

casco

topi keledar

tiradores

pendakap

uniforme escolar

uniform sekolah

uniforme

seragam

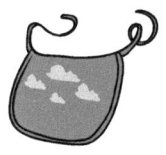

babero

lapik dada

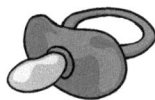

chupete

palsu

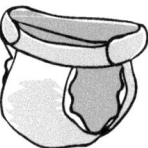

pañal

lampin

oficina
pejabat

servidor
pelayan
archivador
kabinet fail
impresora
mesin pencetak
papel
kertas
monitor
monitor
ratón
tetikus
escritorio
meja
carpeta
folder
teclado
papan kekunci
cesto de papeles
bakul sampah
silla
kerusi
ordenador
komputer

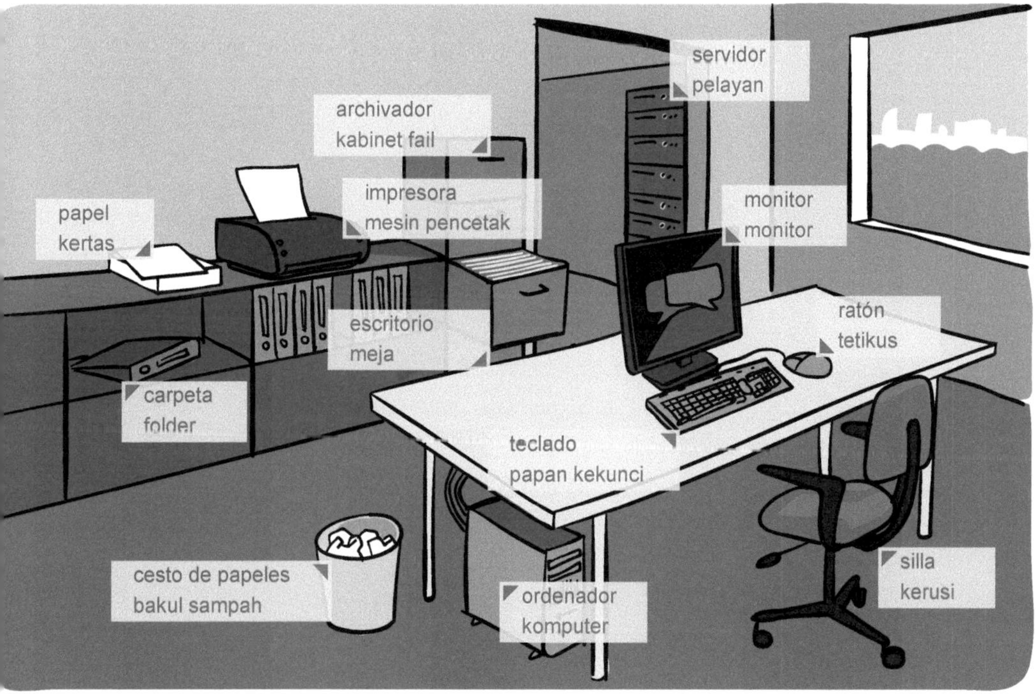

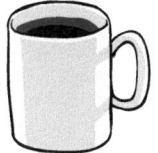

taza de café

cawan kopi

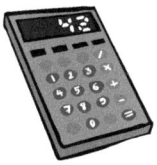

calculadora

kalkulator

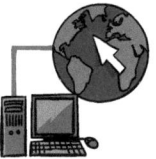

internet

internet

laptop

komputer riba

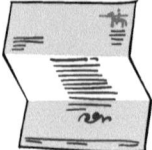

carta

surat

mensaje

mesej

teléfono móvil

mudah alih

red

rangkaian

fotocopiadora

mesin fotokopi

software

perisian

teléfono

telefon

tomacorriente

soket plag

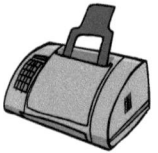

máquina de fax

mesin faks

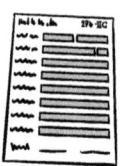

formulario

bentuk

documento

dokumen

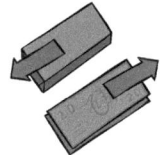

comprar
beli

pagar
bayar

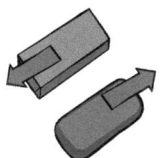

comerciar
berdagang

dinero
wang

USD

dólar
dolar

EUR

euro
euro

JPY

yen
yen

RUB

rublo
rubel

CHF

franco
franc swiss

CNY

renminbi
renminbi yuan

INR

rupia
rupee

cajero automático
mata tunai

casa de cambio

pejabat tukaran mata wang

oro

emas

plata

perak

petróleo

minyak

energía

tenaga

precio

harga

contrato

kontrak

impuesto

cukai

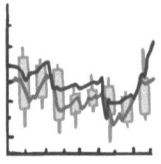

acción

stok

trabajar

kerja

empleado

pekerja

empleador

majikan

fábrica

kilang

negocio

kedai

ocupaciones
pekerjaan

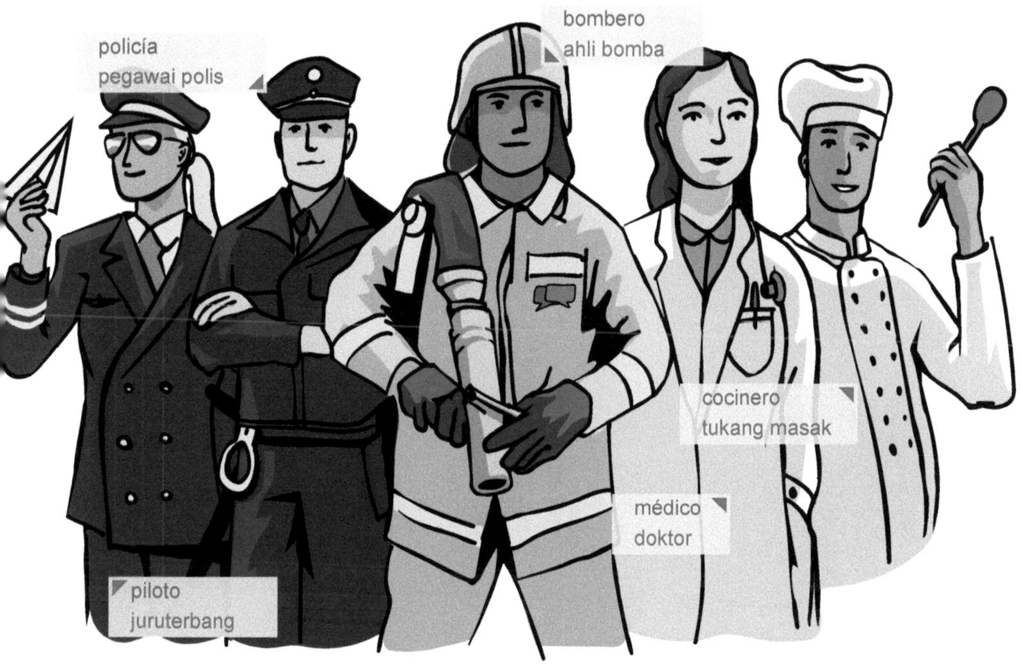
policía
pegawai polis
bombero
ahli bomba
cocinero
tukang masak
médico
doktor
piloto
juruterbang

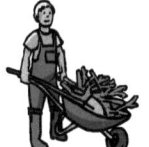

jardinero

tukang kebun

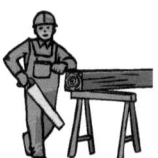

carpintero

tukang kayu

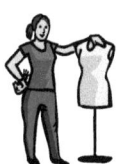

costurera

tukang jahit

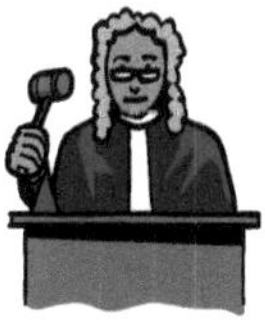

juez

hakim

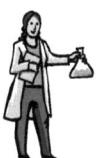

químico

ahli kimia

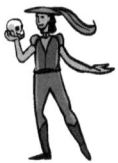

actor

pelakon

conductor de autobús

pemandu bas

taxista

pemandu teksi

pescador

nelayan

mujer de la limpieza

wanita pencuci

techista

kasau

camarero

pelayan

cazador

pemburu

pintor

pelukis

panadero

bakeri

electricista

juruelektrik

albañil

pembangun

ingeniero

jurutera

carnicero

penjual daging

fontanero

tukang paip

cartero

posmen

soldado

askar

arquitecto

arkitek

cajero

juruwang

florista

kedai bunga

peluquero

pendandan rambut

cobrador

konduktor

mecánico

mekanik

capitán

kapten

odontólogo

doktor gigi

científico

ahli sains

rabino

tuhanku

imam

imam

monje

sami

párroco

paderi

herramientas

alat

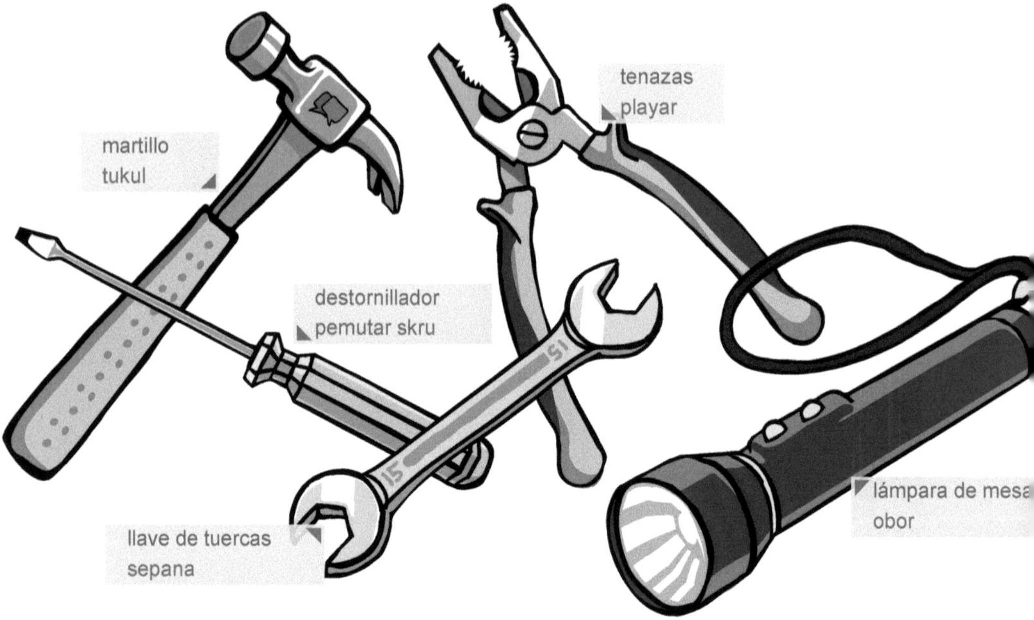

martillo
tukul
tenazas
playar
destornillador
pemutar skru
llave de tuercas
sepana
lámpara de mesa
obor

excavadora
…………
pengorek

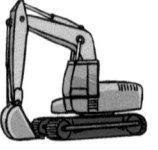

caja de herramientas
…………
kotak peralatan

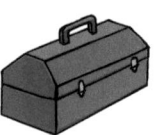

escalerilla
…………
tangga

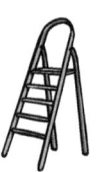

serrucho
…………
gergaji

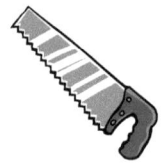

clavos
…………
kuku

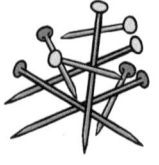

taladro
…………
gerudi

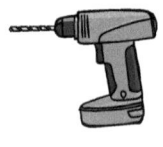

reparar

baiki

pala

penyodok

¡Maldición!

Celaka!

recogedor

penadah sampah

lata de pintura

periuk cat

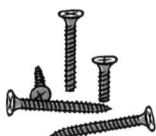

tornillos

skru

instrumentos musicales
alat muzik

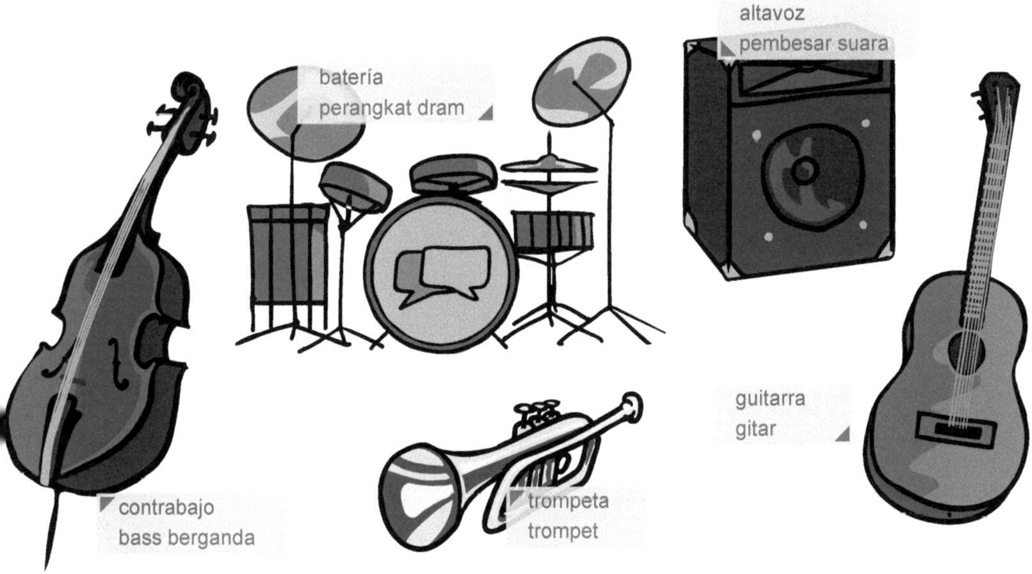

batería
perangkat dram

altavoz
pembesar suara

contrabajo
bass berganda

trompeta
trompet

guitarra
gitar

piano

piano

violín

biola

bajo

bass

timbales

timpani

tambor

dram

teclado

papan kekunci

saxofón

saksofon

flauta

seruling

micrófono

mikrofon

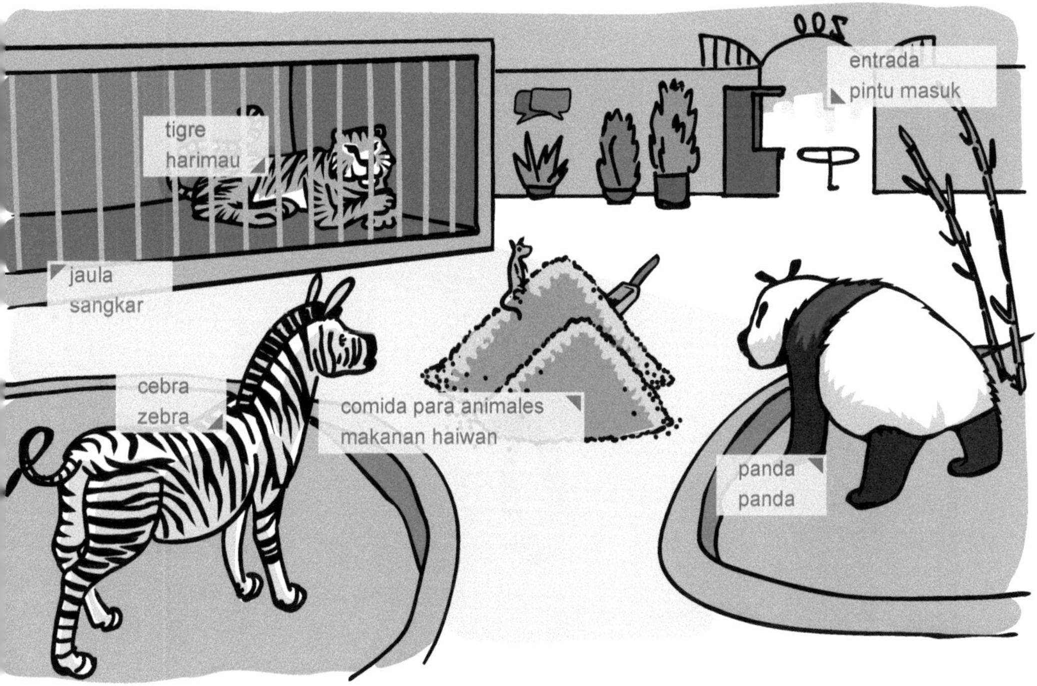

entrada
pintu masuk

tigre
harimau

jaula
sangkar

cebra
zebra

comida para animales
makanan haiwan

panda
panda

animales
haiwan

elefante
gajah

canguro
kanggaru

rinoceronte
badak sumbu

gorila
gorila

oso
beruang

camello

unta

avestruz

burung unta

león

singa

mono

monyet

flamengo

flamingo

papagayo

nuri

oso polar

beruang kutub

pingüino

penguin

tiburón

yu

pavo real

merak

serpiente

ular

cocodrilo

buaya

cuidador del zoológico

penjaga zoo

foca

anjing laut

jaguar

jaguar

pony
kuda

leopardo
harimau

hipopótamo
badak air

jirafa
zirafah

águila
helang

jabalí
babi jantan

pescado
ikan

tortuga
penyu

morsa
anjing laut

zorro
musang

gacela
rusa

fútbol americano
bola sepak Amerika

ciclismo
berbasikal

tenis
tenis

baloncesto
bola keranjang

natación
renang

boxeo
tinju

hockey sobre hielo
hoki ais

fútbol

bola sepak

badminton

badminton

atletismo

olahraga

balonmano

bola baling

esquí

ski

polo

polo

reír
ketawa

saltar
lompat

abrazar
peluk

caminar
berjalan

cantar
menyanyi

soñar
mimpi

rezar
berdoa

besar
cium

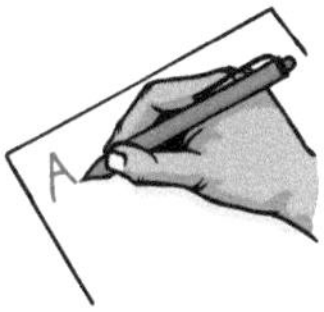

escribir	dibujar	mostrar
tulis	lukis	tunjuk

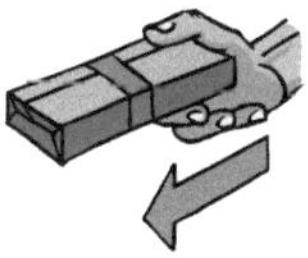

presionar	dar	tomar
tolak	beri	ambil

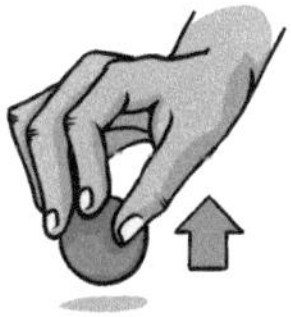

tener

ada

hacer

buat

ser

ialah

estar de pie

berdiri

correr

lari

tirar

tarik

arrojar

buang

caer

jatuh

estar acostado

tipu

esperar

tunggu

llevar

bawa

estar sentado

duduk

vestirse

pakai

dormir

tidur

despertar

bangkit

mirar

lihat pada

llorar

menangis

acariciar

strok

peinarse

sikat

conversar

cakap

entender

faham

preguntar

tanya

oír

dengar

beber

minum

comer

makan

asear

mengemas

amar

sayang

cocinar

masak

conducir

pandu

volar

terbang

navegar

belayar

calcular

kira

leer

baca

aprender

belajar

trabajar

kerja

casarse

nikah

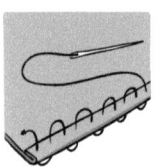

coser

jahit

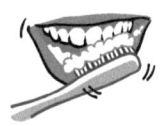

limpiarse los dientes

memberus gigi

matar

bunuh

fumar

asap

enviar

hantar

abuela
nenek

abuelo
datuk

padre
bapa

madre
ibu

bebé
bayi

hija
anak perempuan

hijo
anak lelaki

invitado

tetamu

tía

mak cik

tío

pak cik

hermano

abang

hermana

kakak

cuerpo
badan

frente
dahi
ojo
mata
hombro
bahu
dedo
jari
cara
muka
barbilla
dagu
mano
tangan
pierna
kaki
pecho
dada
brazo
lengan

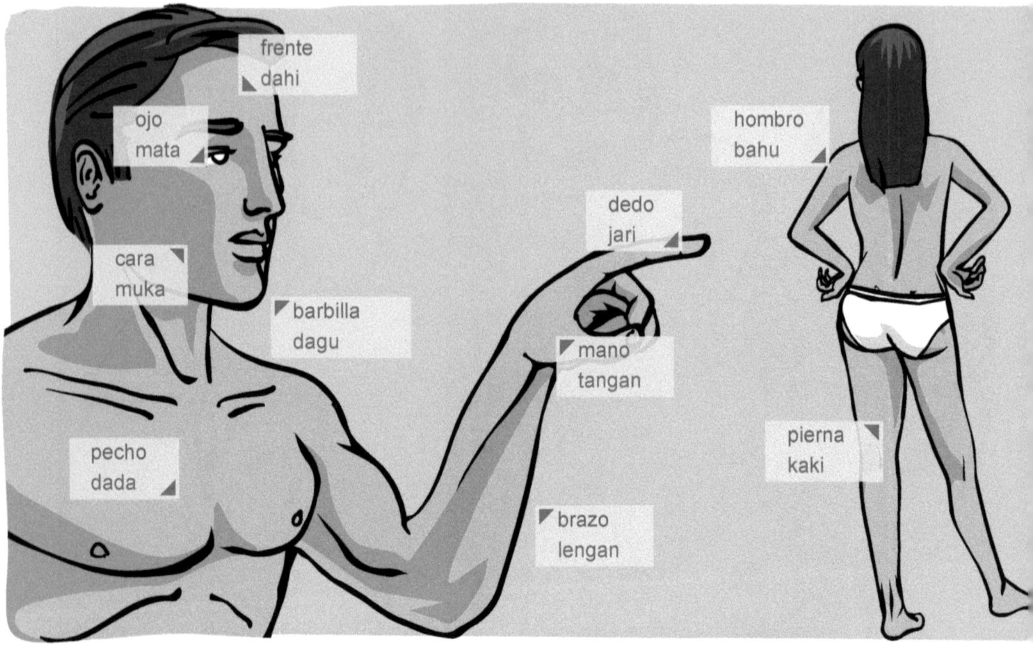

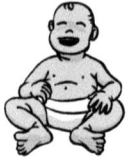

bebé

bayi

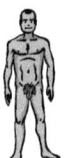

hombre

lelaki

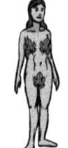

mujer

wanita

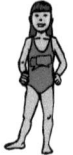

muchacha

perempuan

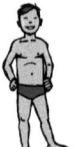

joven

lelaki

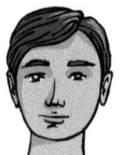

cabeza

kepala

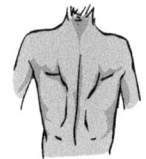

espalda

belakang

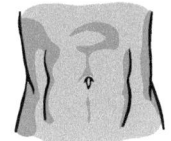

vientre

bawah perut

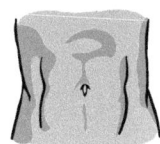

ombligo

pusat

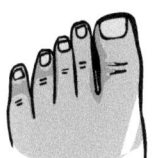

dedo del pie

jari kaki

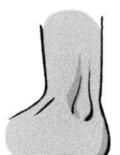

talón

tumit

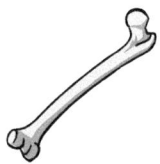

hueso

tulang

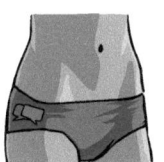

cadera

pinggul

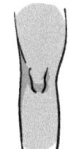

rodilla

lutut

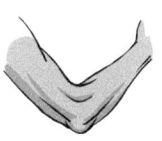

codo

siku

nariz

hidung

trasero

bawah

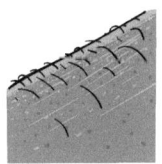

piel

kulit

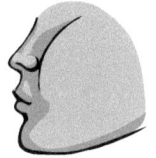

mejilla

pipi

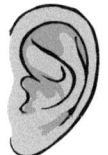

oreja

telinga

labio

bibir

boca

mulut

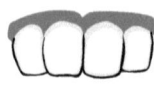

diente

gigi

lengua

lidah

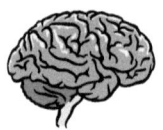

cerebro

otak

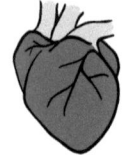

corazón

hati

músculo

otot

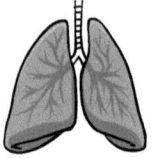

pulmón

paru-paru

hígado

hati

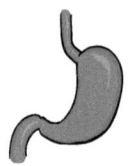

estómago

perut

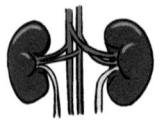

riñones

buah pinggang

relación sexual

seks

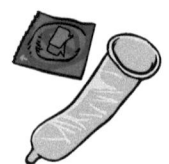

condón

kondom

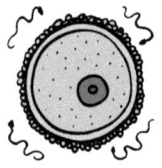

Óvulo

faraj

esperma

mani

embarazo

mengandung

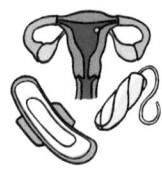

menstruación

haid

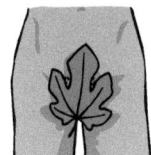

vagina

faraj

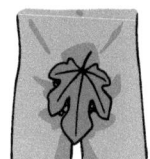

pene

penis

ceja

kening

cabello

rambut

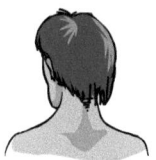

cuello

leher

hospital
hospital

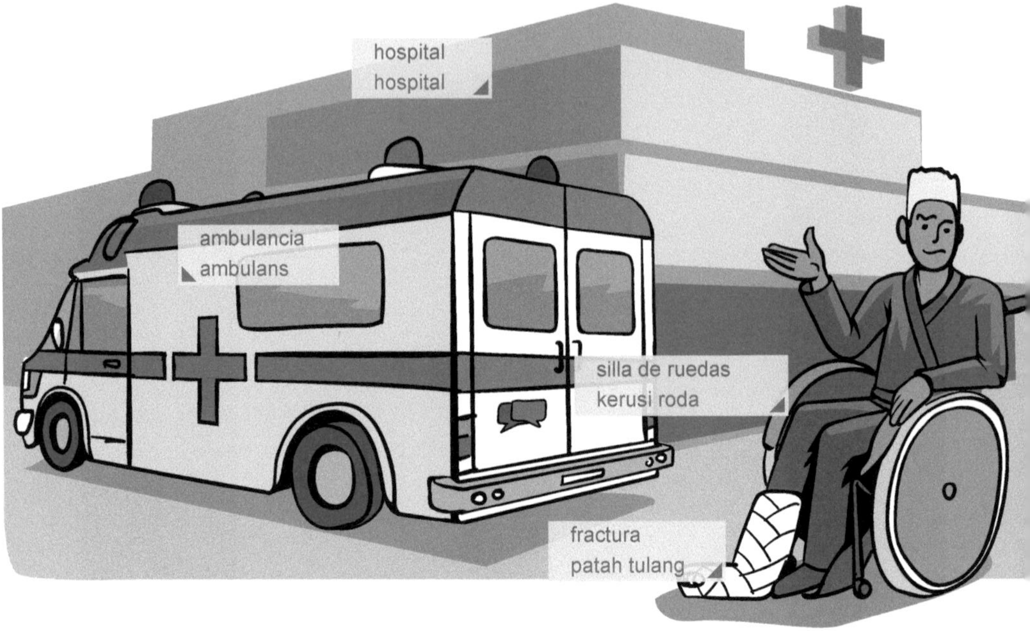

hospital
hospital
ambulancia
ambulans
silla de ruedas
kerusi roda
fractura
patah tulang

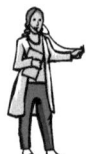

médico

doktor

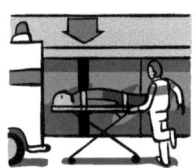

admisión de urgencia

bilik kecemasan

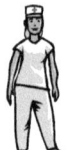

enfermera

jururawat

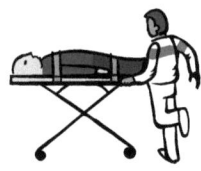

emergencia

kecemasan

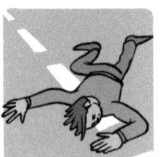

inconsciente

tak sedar

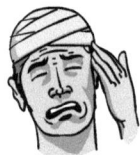

dolor

sakit

lesión
kecederaan

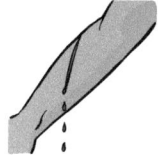

hemorragia
pendarahan

infarto de miocardio
serangan jantung

apoplejía cerebral
strok

alergia
alergi

tos
batuk

fiebre
demam

gripe
selesema

diarrea
cirit-birit

dolor de cabeza
sakit kepala

cáncer
kanser

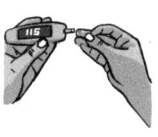

diabetes
diabetes

cirujano
pakar bedah

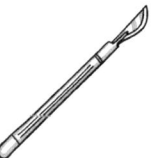

escalpelo
pisau bedah

operación
pembedahan

TC

CT

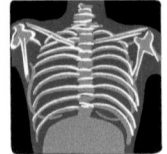

rayos X

x-ray

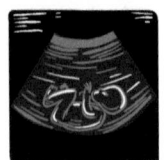

ultrasonido

ultrabunyi

máscara

topeng muka

enfermedad

penyakit

sala de espera

bilik menunggu

muleta

penongkat

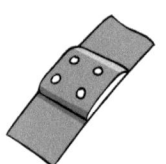

emplasto

plaster

vendaje

pembalut

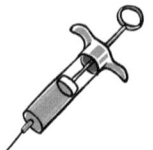

inyección

suntikan

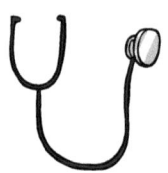

estetoscopio

stetoskop

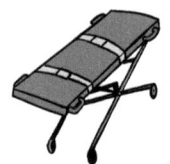

camilla

pengusung

termómetro

termometer klinik

nacimiento

kelahiran

sobrepeso

berat badan berlebihan

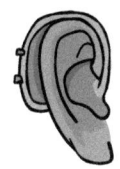

audífono

alat pendengaran

desinfectante

disinfektan

infección

jangkitan

virus

virus

VIH / SIDA

HIV / AIDS

medicina

perubatan

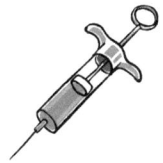

vacunación

vaksinasi

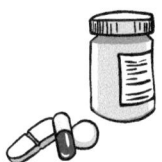

comprimido

tablet

píldora anticonceptiva

pil

llamada de emergencia

panggilan kecemasan

medidor de presión arterial

pantau tekanan darah

enfermo / saludable

sakit / sihat

¡Ayuda!

Tolong!

alarma

penggera

asalto

serang

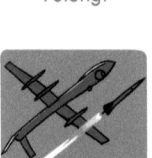

ataque

serangan

peligro

bahaya

salida de emergencia

pintu kecemasan

¡Fuego!

Api!

extintor

alat pemadam api

accidente

kemalangan

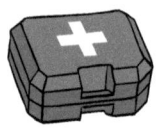

kit de primeros auxilios

alat pertolongan cemas

SOS

SOS

Policía

polis

Europa

Eropah

América del Norte

Amerika Utara

América del Sur

Amerika Selatan

África

Afrika

Asia

Asia

Australia

Australia

Atlántico

Atlantic

Pacífico

Pasifik

Océano Índico

Lautan Hindi

Océano Antártico

Lautan Antartik

Océano Ártico

Lautan Artik

Polo Norte

Kutub utara

Polo Sur

Kutub Selatan

Antártida

Antartika

Tierra

bumi

país

tanah

mar

laut

isla

pulau

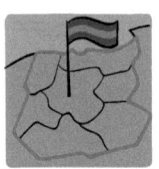

nación

negara

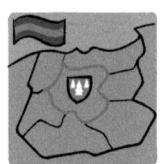

Estado

negeri

cuadrante

muka jam

horario

tangan jam

minutero

tangan minit

segundero

terpakai

¿Qué hora es?

Jam berapa sekarang

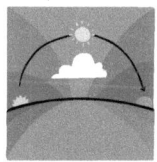

día

hari

tiempo

masa

ahora

sekarang

reloj digital

jam digital

minuto

minit

hora

jam

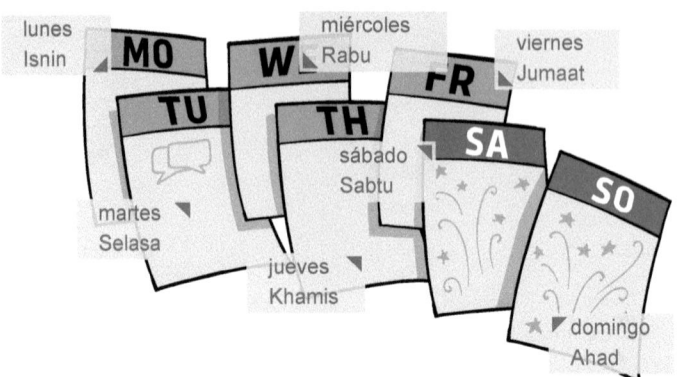

lunes
Isnin

miércoles
Rabu

viernes
Jumaat

martes
Selasa

jueves
Khamis

sábado
Sabtu

domingo
Ahad

ayer

semalam

hoy

hari ini

mañana

esok

mañana

pagi

mediodía

tengah hari

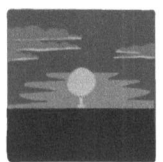

tarde

petang

MO	TU	WE	TH	FR	SA	SU
1	2	3	4	5	6	7
8	9	10	11	12	13	14
15	16	17	18	19	20	21
22	23	24	25	26	27	28
29	30	31	1	2	3	4

jornada de trabajo

hari kerja

MO	TU	WE	TH	FR	SA	SU
1	2	3	4	5	6	7
8	9	10	11	12	13	14
15	16	17	18	19	20	21
22	23	24	25	26	27	28
29	30	31	1	2	3	4

fin de semana

hari minggu

año
tahun

lluvia
hujan
arco iris
pelangi
viento
angin
nieve
salji
primavera
musim bunga
verano
musim panas
otoño
musim luruh
invierno
musim salji

4.APRIL 11°
5.APRIL 4°
6.APRIL 13°
7.APRIL 8°
8.APRIL 10°

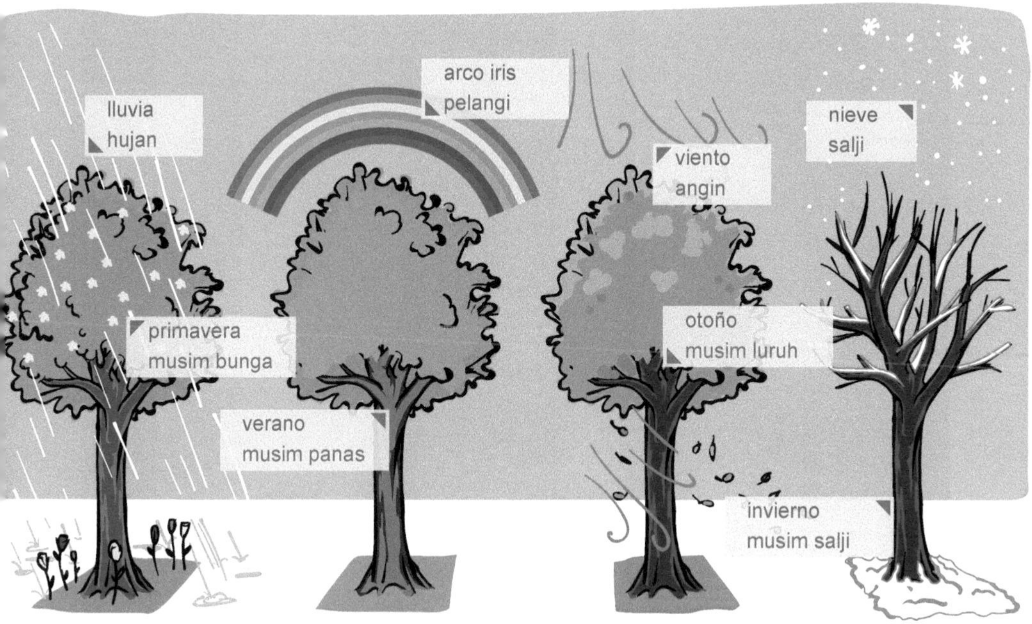

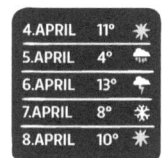

pronóstico meteorológico

....

ramalan cuaca

F C

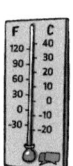

termómetro

....

termometer

luz solar

....

sinar matahari

nube

....

awan

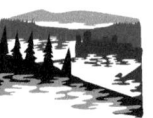

niebla

....

kabus

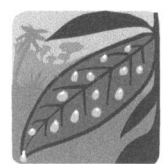

humedad ambiente

....

lembapan

relámpago

kilat

trueno

petir

tormenta

ribut

granizo

hujan batu

monzón

monsun

inundación

banjir

hielo

ais

enero

Januari

febrero

Februari

marzo

Mac

abril

April

mayo

Mei

junio

Jun

julio

Julai

agosto

Ogos

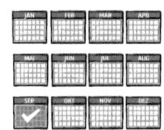

septiembre

September

octubre

Oktober

noviembre

November

diciembre

Disember

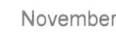

formas
bentuk

círculo

bulatan

cuadrado

petak

rectángulo

segi empat tepat

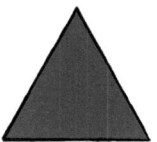

triángulo

segitiga

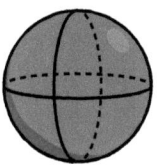

esfera

sfera

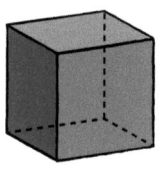

cubo

kiub

blanco
putih

amarillo
kuning

anaranjado
oren

rosa
merah jambu

rojo
merah

lila
ungu

azul
biru

verde
hijau

marrón
coklat

gris
kelabu

negro
hitam

mucho / poco

banyak / sedikit

enojado / calmado

marah / tenang

bonito / feo

cantik / hodoh

comienzo / fin

bermula / tamat

grande / pequeño

besar kecil

claro / oscuro

terang / gelap

hermano / hermana

abang / kakak

limpio / sucio

bersih / kotor

completo / incompleto

lengkap / tidak lengkap

día / noche

hari / malam

muerto / vivo

mati / hidup

ancho / angosto

luas / sempit

disfrutable / no disfrutable

boleh dimakan / tidak boleh dimakan

malo / amigable

jahat / baik

excitado / aburrido

teruja / bosan

gordo / delgado

gemuk / kurus

primero / último

pertama / terakhir

amigo / enemigo

kawan / musuh

lleno / vacío

penuh / kosong

duro / suave

keras / lembut

pesado / liviano

berat / ringan

hambre / sed

lapar / dahaga

enfermo / saludable

sakit / sihat

ilegal / legal

menyalahi undang-undang / undang-undang

inteligente / tonto

pintar / bodoh

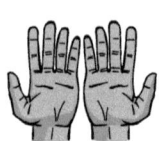

izquierda / derecha

kiri / kanan

cercano / lejano

dekat / jauh

nuevo / usado

baru / lama

nada / algo

tiada / sesuatu

viejo / joven

tua / muda

encendido / apagado

hidup / mati

abierto / cerrado

terbuka / tertutup

bajo / fuerte

diam / bising

rico / pobre

kaya / miskin

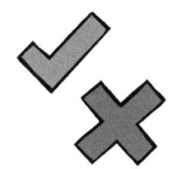

correcto / incorrecto

betul / salah

áspero / liso

kasar / halus

triste / alegre

sedih / gembira

breve / extenso

pendek / panjang

lento / veloz

lambat / laju

mojado / seco

basah / kering

caliente / frío

panas / sejuk

guerra / paz

berperang / berdamai

0

cero

sifar

1

uno

satu

2

dos

dua

3

tres

tiga

4

cuatro

empat

5

cinco

lima

6

seis

enam

7

siete

tujuh

8

ocho

lapan

9

nueve

sembilan

10

diez

sepuluh

11

once

sebelas

12

doce

dua belas

13

trece

tiga belas

14

catorce

empat belas

15

quince

lima belas

16

dieciséis

enam belas

17

diecisiete

tujuh belas

18

dieciocho

lapan belas

19

diecinueve

Sembilan belas

20

veinte

dua puluh

100

cien

ratus

1.000

mil

ribu

1.000.000

millón

juta

bahasa-bahasa

inglés

Bahasa Inggeris

inglés estadounidense

Bahasa Inggeris Amerika

chino mandarín

Bahasa Cina Mandarin

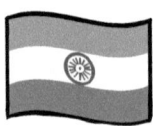

hindi

Bahasa Hindi

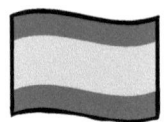

español

Bahasa Sepanyol

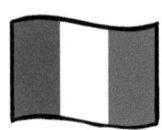

francés

Bahasa Perancis

árabe

Bahasa Arab

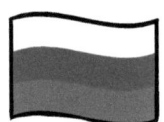

ruso

Bahasa Rusia

portugués

Bahasa Portugis

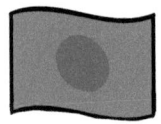

bengalí

Bahasa Benggali

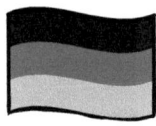

alemán

Bahasa Jerman

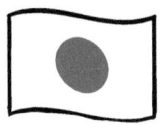

japonés

Bahasa Jepun

yo
saya

tú
anda

él / ella
dia / dia / ia

nosotros
kita

vosotros
anda

ellos
mereka

¿quién?
siapa?

¿qué?
apa?

¿cómo?
bagaimana?

¿dónde?
di mana?

¿cuándo?
bila?

nombre
nama

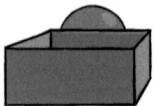

detrás

belakang

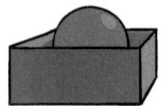

en

dalam

delante de

di hadapan

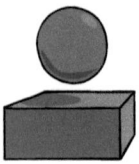

encima de

lebih

sobre

pada

debajo de

di bawah

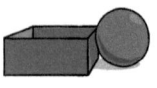

junto a

bersebelahan

entre

antara

lugar

tempat